Impressum
Verlag: BABADADA GmbH, Nedderfeld 112 , 22529 Hamburg
Geschäftsführer / Verlagsleitung: Harald Hof
Druck: Books on Demand GmbH, In de Tarpen 42, 22848 Norderstedt

Imprint
Publisher: BABADADA GmbH, Nedderfeld 112 , 22529 Hamburg, Germany
Managing Director / Publishing direction: Harald Hof
Print: Books on Demand GmbH, In de Tarpen 42, 22848 Norderstedt

el colegio
skola

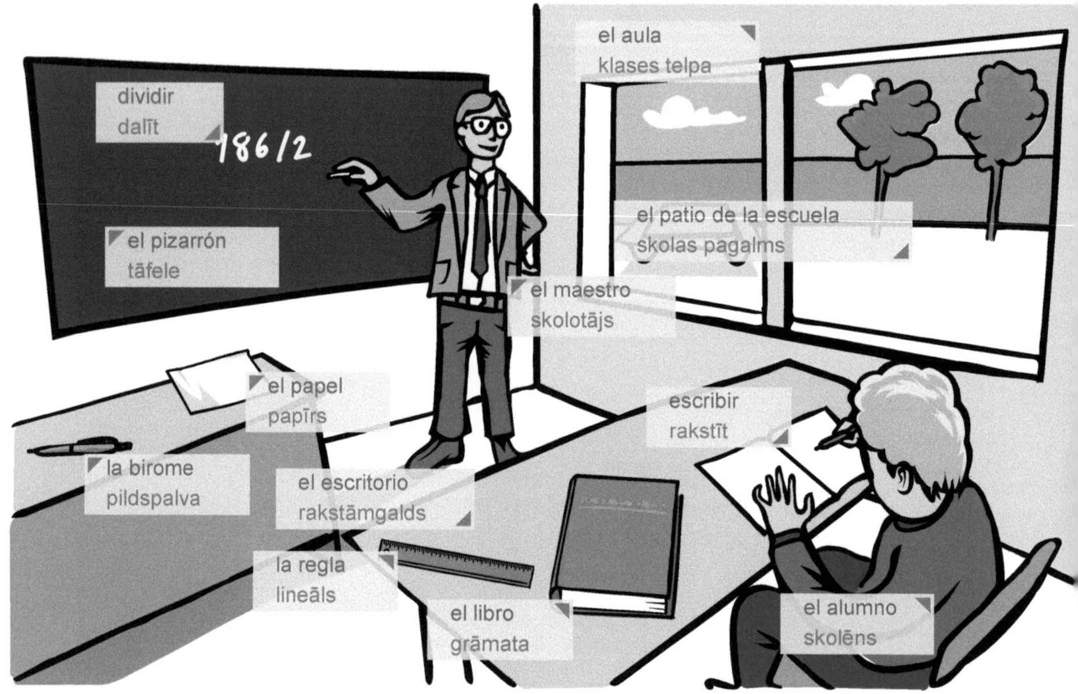
el aula
klases telpa
dividir
dalīt
186/2
el patio de la escuela
skolas pagalms
el pizarrón
tāfele
el maestro
skolotājs
el papel
papīrs
escribir
rakstīt
la birome
pildspalva
el escritorio
rakstāmgalds
la regla
lineāls
el libro
grāmata
el alumno
skolēns

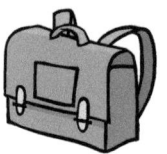

la mochila

skolas soma

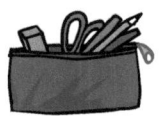

la caja de lápices

penālis

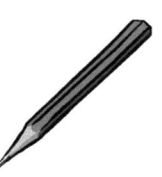

el lápiz

zīmulis

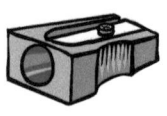

el sacapuntas

zīmuļu asināmais

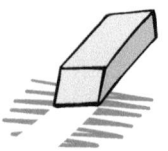

la goma (de borrar)

dzēšgumija

el bloc de dibujo

zīmēšanas bloks

el dibujo
zīmējums

el pincel
ota

la caja de pinturas
krāsas

la tijera
šķēres

el pegamento
līme

el cuaderno de ejercicios
darba burtnīca

la tarea
mājas darbs

12

el número
skaitlis

2+2

sumar
saskaitīt

5-2

restar
atņemt

2×2

multiplicar
reizināt

calcular
rēķināt

A

la letra
burts

ABCDEFG HIJKLMN OPQRSTU VWXYZ

el abecedario
alfabēts

hello

la palabra
vārds

el texto

teksts

leer

lasīt

la tiza

krīts

la lección

mācību stunda

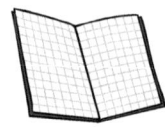

el cuaderno de clase

žurnāls

el examen

eksāmens

el certificado

liecība

el uniforme escolar

skolas forma

la educación

izglītība

la enciclopedia

enciklopēdija

la universidad

universitāte

el microscopio

mikroskops

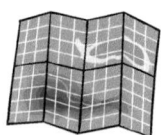

el mapa

karte

el tacho (de basura)

papīrgrozs

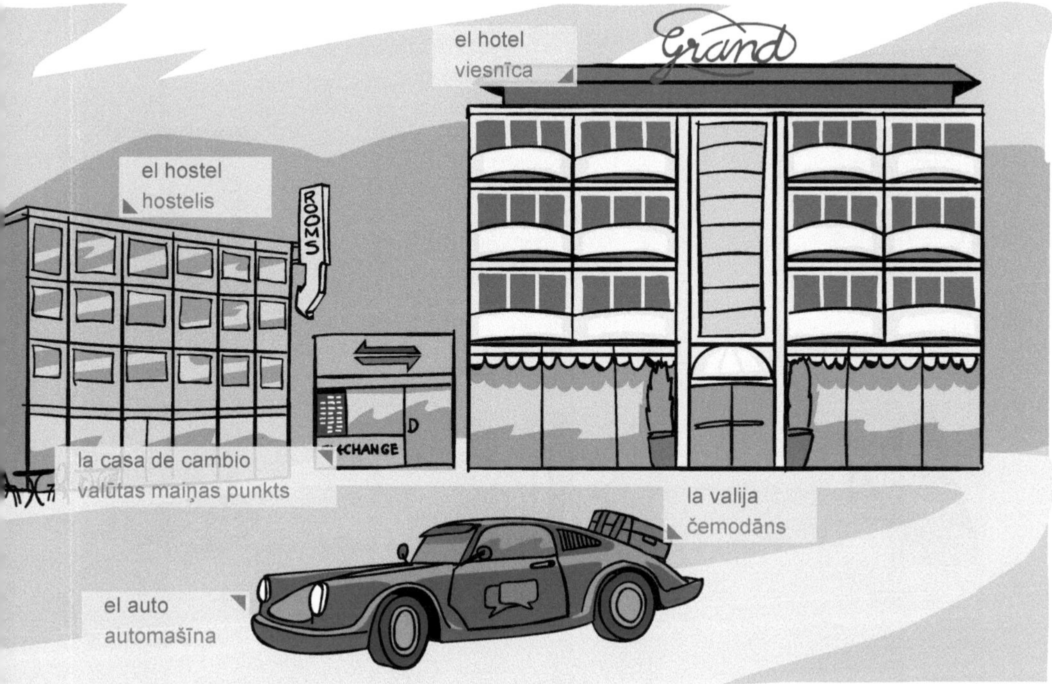

el hotel
viesnīca
Grand
el hostel
hostelis
ROOMS
la casa de cambio
valūtas maiņas punkts
EXCHANGE
la valija
čemodāns
el auto
automašīna

el idioma

Valoda

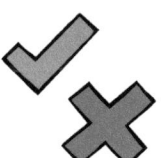

sí / no

jā / nē

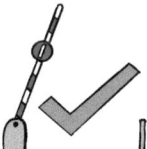

Está bien

Okay

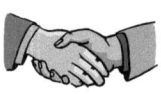

hola

Sveiki!

el traductor

tulks

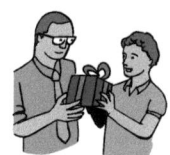

Gracias

paldies

¿cuánto cuesta…?

Cik maksā…?

No entiendo

Es nesaprotu

el problema

problēma

¡Buenas tardes!

Labvakar!

¡Buenos días!

Labrīt!

¡Buenas noches!

Ar labu nakti!

el adiós

Uz redzēšanos

la dirección

virziens

el equipaje

bagāža

el bolso

soma

la mochila

mugursoma

el invitado

viesis

la habitación

istaba

la bolsa de dormir

guļammaiss

la carpa

telts

la información turística

tūrisma informācija

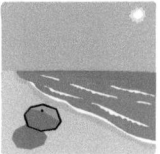

la playa

pludmale

la tarjeta de crédito

kredītkarte

el desayuno

brokastis

el almuerzo

pusdienas

la cena

vakariņas

el pasaje

biļete

el ascensor

lifts

el sello

pastmarka

la frontera

robeža

la aduana

muita

la embajada

vēstniecība

la visa

vīza

el pasaporte

pase

el viaje - ceļojums

el transporte
transports

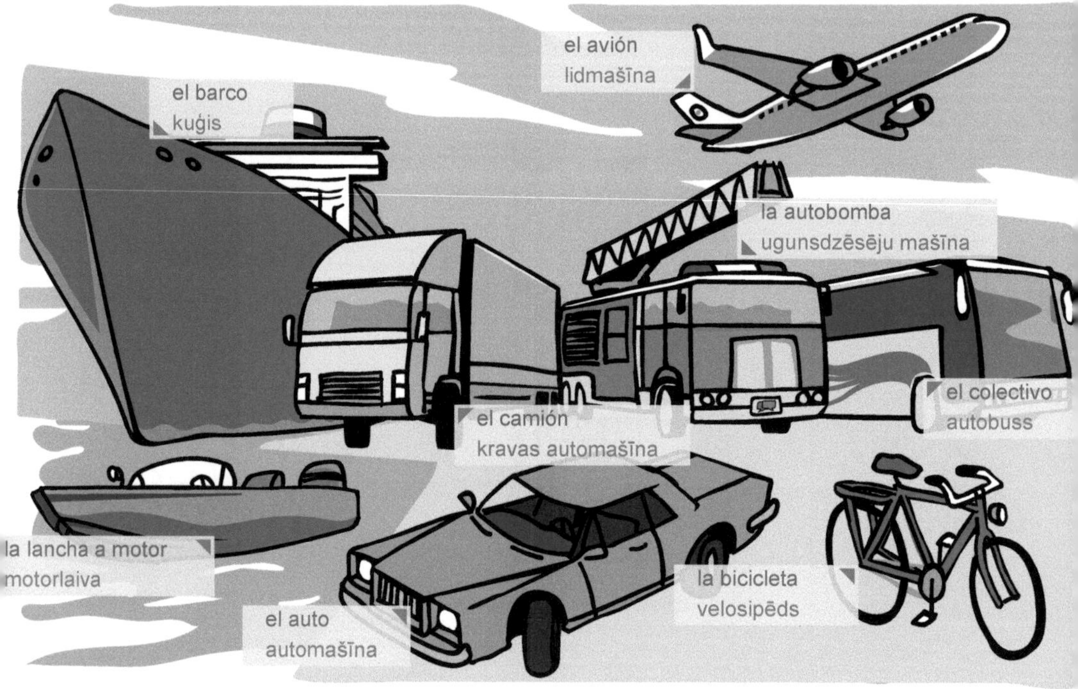

el avión
lidmašīna
el barco
kuģis
la autobomba
ugunsdzēsēju mašīna
el colectivo
autobuss
el camión
kravas automašīna
la lancha a motor
motorlaiva
la bicicleta
velosipēds
el auto
automašīna

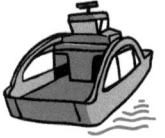

el ferry

prāmis

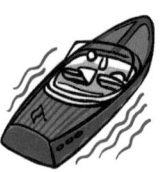

el bote

laiva

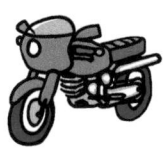

la moto

motocikls

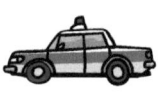

el patrullero

policijas automašīna

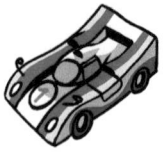

el auto de carreras

sacīkšu automobilis

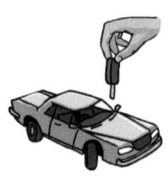

el auto de alquiler

nomas auto

el alquiler de autos

auto koplietošana

la grúa

evakuators

el camión de la basura

atkritumu mašīna

el motor

dzinējs

la nafta

benzīns

la estación de servicio

degvielas uzpildes stacija

la señal de tránsito

ceļa zīme

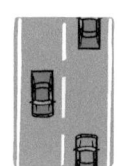

el tránsito

satiksme

el embotellamiento

sastrēgums

el estacionamiento

stāvvieta

la estación de tren

dzelzceļa stacija

las vías

sliedes

el tren

vilciens

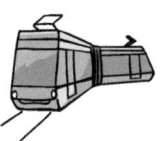

el tranvía

tramvajs

el vagón

vagons

el helicóptero

helikopters

el aeropuerto

lidosta

la torre

tornis

el pasajero

pasažieris

el contenedor

konteiners

la caja de cartón

kaste

la carretilla

ratiņi

la canasta

grozs

despegar / aterrizar

pacelties / nosēsties

la ciudad
pilsēta

el pueblo

ciems

el centro de la ciudad

pilsētas centrs

la casa

māja

el cine
kinoteātris

la publicidad
reklāma

el farol
laterna

la calle
iela

el taxi
taksometrs

el kiosco
kiosks

el peatón
gājējs

la vereda
trotuārs

el paso peatonal
gājēju pāreja

ntenedor de basura
itumu tvertne

el cruce
krustojums

el semáforo
luksofors

la cabaña
·················
būda

el departamento
·················
dzīvoklis

la estación de tren
·················
dzelzceļa stacija

la municipalidad
·················
rātsnams

el museo
·················
muzejs

el colegio
·················
skola

la ciudad - pilsēta

la universidad

universitāte

el banco

banka

el hospital

slimnīca

el hotel

viesnīca

la farmacia

aptieka

la oficina

birojs

la librería

grāmatnīca

el negocio

veikals

la florería

ziedu veikals

el supermercado

lielveikals

el mercado

tirgus

las grandes tiendas

tirdzniecības centrs

la pescadería

zivju tirgotājs

el centro comercial

tirdzniecības centrs

el puerto

osta

el parque

parks

el banco

sols

el puente

tilts

las escaleras

kāpnes

el subte

metro

el túnel

tunelis

la parada del colectivo

autobusa pieturvieta

el bar

bārs

el restaurante

restorāns

el buzón

pastkastīte

el letrero

ielas nosaukuma plāksne

el parquímetro

stāvlaika skaitītājs

el zoológico

zooloģiskais dārzs

la pileta

peldbaseins

la mezquita

mošeja

la granja
zemnieku saimniecība

la contaminación
vides piesārņojums

el cementerio
kapsēta

la iglesia
baznīca

los juegos infantiles
spēļu laukums

el templo
templis

el paisaje
ainava

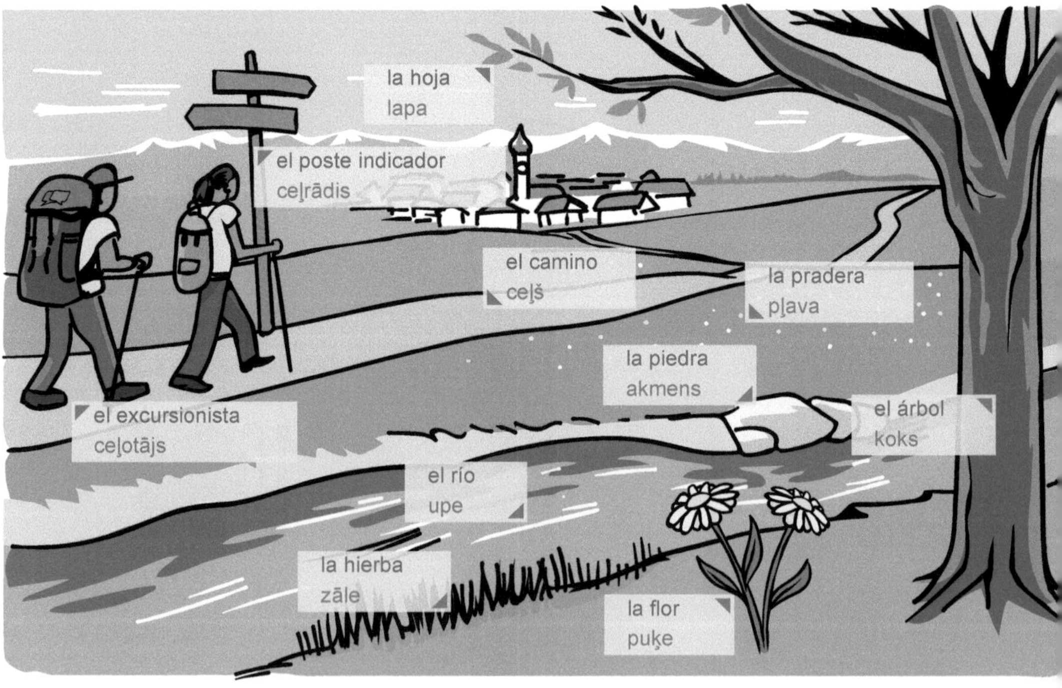

la hoja
lapa

el poste indicador
ceļrādis

el camino
ceļš

la pradera
pļava

la piedra
akmens

el excursionista
ceļotājs

el árbol
koks

el río
upe

la hierba
zāle

la flor
puķe

el valle

ieleja

la montaña

kalns

el lago

ezers

el bosque

mežs

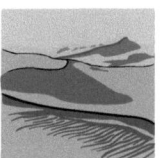

el desierto

tuksnesis

el volcán

vulkāns

el castillo

pils

el arco iris

varavīksne

el champiñón

sēne

la palmera

palma

el mosquito

moskīts

la mosca

muša

la hormiga

skudra

la abeja

bite

la araña

zirneklis

el escarabajo

vabole

la rana

varde

la ardilla

vāvere

el erizo

ezis

la liebre

zaķis

la lechuza

pūce

el pájaro

putns

el cisne

gulbis

el jabalí

meža cūka

el ciervo

briedis

el alce

alnis

la presa

aizsprosts

el aerogenerador

vēja ģenerators

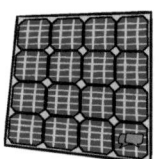

el panel solar

saules baterija

el clima

klimats

el restaurante
restorāns

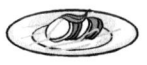

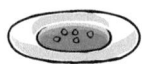

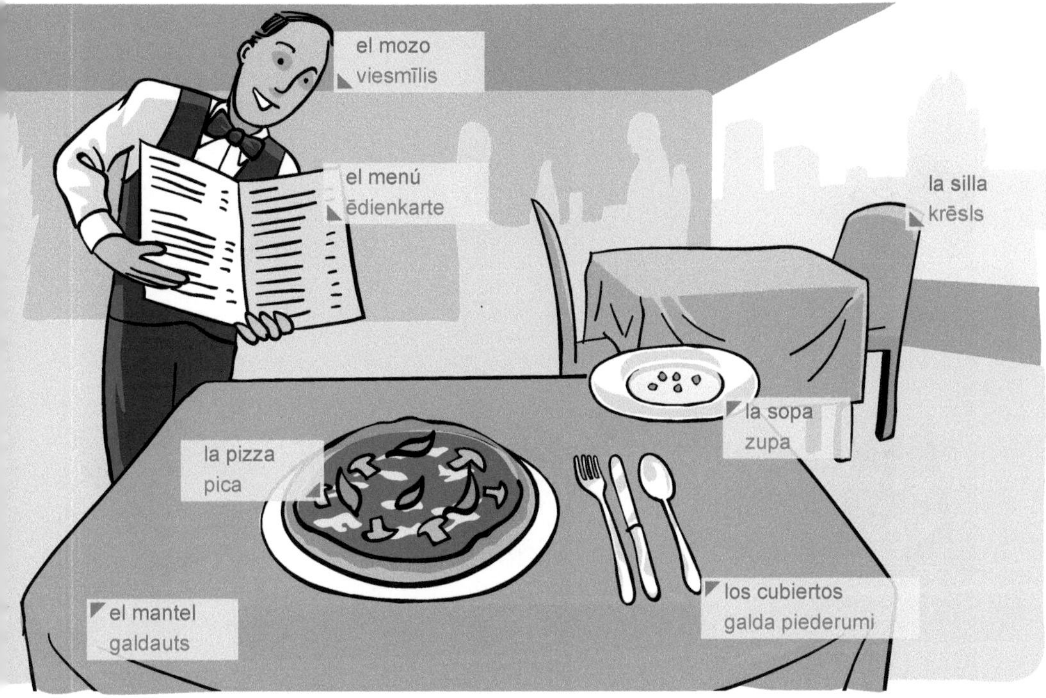

el mozo
viesmīlis
el menú
ēdienkarte
la silla
krēsls
la sopa
zupa
la pizza
pica
los cubiertos
galda piederumi
el mantel
galdauts

la entrada

uzkoda

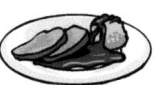

el plato principal

pamatēdiens

el postre

deserts

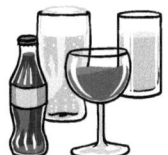

las bebidas

dzērieni

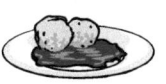

la comida

ēdiens

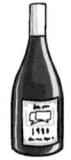

la botella

pudele

la comida rápida

ātrās uzkodas

la comida callejera

ielu uzkodas

la tetera

tējkanna

la azucarera

cukurtrauks

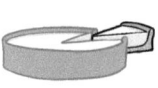

la porción

porcija

la cafetera expreso

espresso kafijas automāts

la sillita alta

bāra krēsls

la cuenta

rēķins

la bandeja

paplāte

el cuchillo

nazis

el tenedor

dakša

la cuchara

karote

la cucharita

tējkarote

la servilleta

salvete

el vaso

glāze

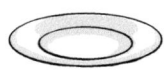

el plato

šķīvis

el plato hondo

zupas šķīvis

el plato

apakštase

la salsa

mērce

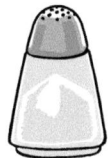

el salero

sāls trauciņš

el molinillo de pimienta

piparu dzirnaviņas

el vinagre

etiķis

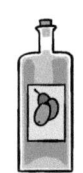

el aceite

eļļa

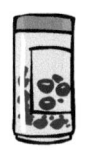

las especias

garšvielas

el kétchup

kečups

la mostaza

sinepes

la mayonesa

majonēze

el supermercado
lielveikals

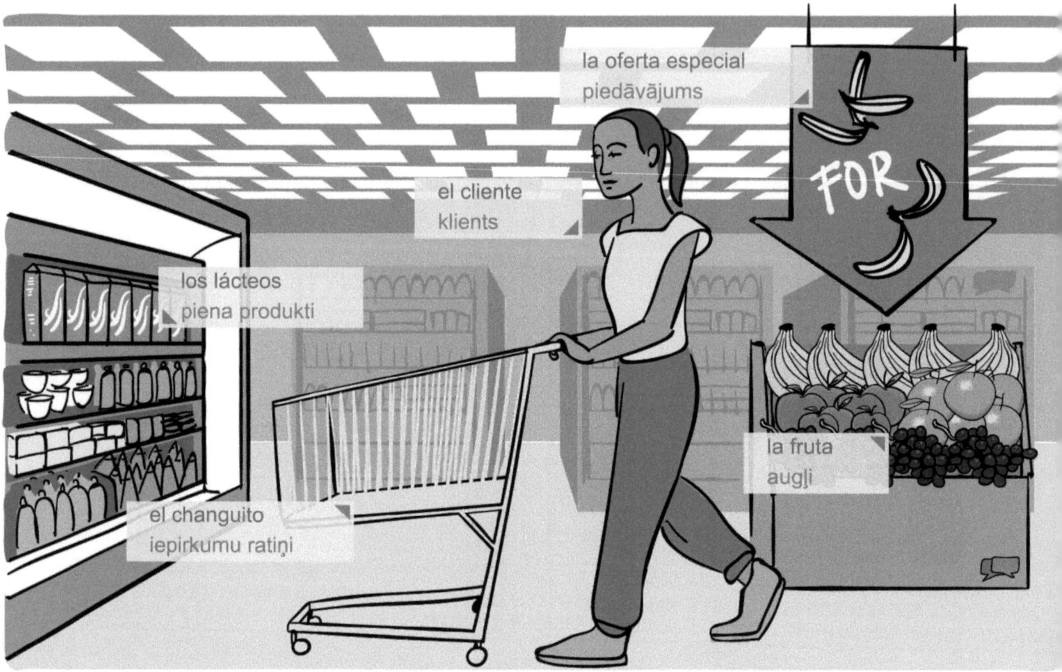

la oferta especial
piedāvājums
FOR
el cliente
klients
los lácteos
piena produkti
la fruta
augļi
el changuito
iepirkumu ratiņi

BUTCHERS

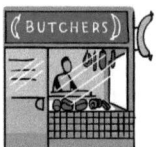

la carnicería

kautuve

BAKERY

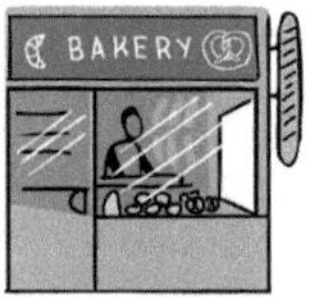

la panadería

maizes veikals

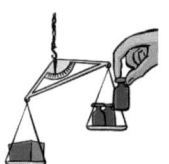

pesar

svērt

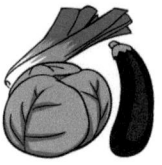

las verduras

dārzeņi

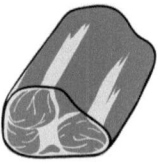

la carne

gaļa

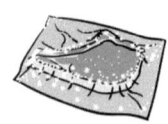

los alimentos congelados

saldēti produkti

los fiambres

aukstās gaļas uzkodas

los alimentos enlatados

konservi

el detergente en polvo

pulveris

las golosinas

saldumi

los electrodomésticos

mājsaimniecības preces

los productos de limpieza

tīrīšanas līdzeklis

la vendedora

pārdevēja

la caja

kase

el cajero

kasieris

la lista de compras

iepirkumu saraksts

el horario de atención

darba laiks

la billetera

maks

la tarjeta de crédito

kredītkarte

la cartera

soma

la bolsa de plástico

maisiņš

el agua

ūdens

el jugo

sula

la leche

piens

la bebida cola

kola

el vino

vīns

la cerveza

alus

el alcohol

alkohols

el cacao

kakao

el té

tēja

el café

kafija

el café expreso

espresso

el cappuccino

kapučīno

la banana

banāns

la manzana

ābols

la naranja

apelsīns

el melón

melone

el limón

citrons

la zanahoria

burkāns

el ajo

ķiploks

el bambú

bambuss

la cebolla

sīpols

el champiñón

sēne

las nueces

rieksti

los fideos

makaroni

los tallarines

spageti

el arroz

rīsi

la ensalada

salāti

las papas fritas

frī kartupeļi

las papas fritas

cepti kartupeļi

la pizza

pica

la hamburguesa

hamburgers

el sándwich

sviestmaize

el churrasco

šnicele

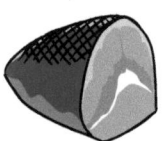

el jamón

šķiņķis

el salame

salami

la salchicha

desa

el pollo

vista

el asado

cepetis

el pescado

zivs

los copos de avena

auzu pārslas

el muesli

muslis

los copos de maíz

brokastu pārslas

la harina

milti

la medialuna

radziņš

el pancito

brokastu maizītes

el pan

maize

la tostada

tostermaize

las galletitas

cepumi

la manteca

sviests

la cuajada

biezpiens

la torta

kūka

el huevo

ola

el huevo frito

cepta ola

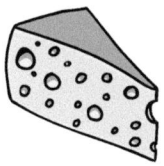

el queso

siers

el helado

saldējums

el azúcar

cukurs

la miel

medus

la mermelada

marmelāde

la pasta de chocolate

riekstu krēms

el curry

karijs

la granja
zemnieku saimniecība

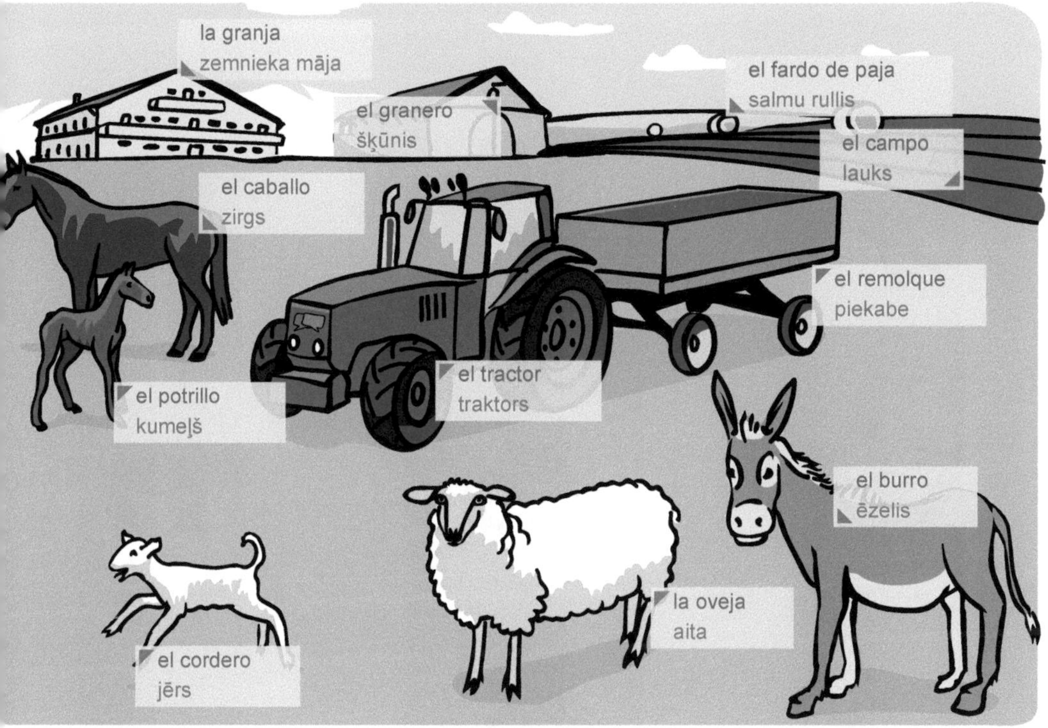
la granja
zemnieka māja
el granero
šķūnis
el fardo de paja
salmu rullis
el campo
lauks
el caballo
zirgs
el remolque
piekabe
el tractor
traktors
el potrillo
kumeļš
el burro
ēzelis
la oveja
aita
el cordero
jērs

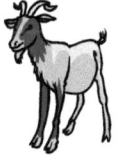

la cabra
kaza

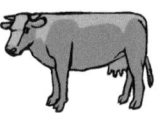

la vaca
govs

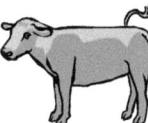

el ternero
teļš

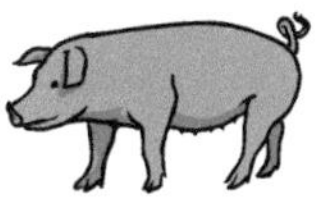

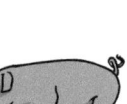

el cerdo
cūka

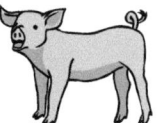

el lechón
sivēns

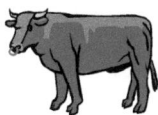

el toro
bullis

el ganso

zoss

el pato

pīle

el pollo

cālis

la gallina

vista

el gallo

gailis

la rata

žurka

el gato

kaķis

el ratón

pele

el buey

vērsis

el perro

suns

la cucha

suņa būda

la manguera

dārza šļūtene

la regadera

lejkanna

la guadaña

izkapts

el arado

arkls

la hoz

sirpis

la azada

kaplis

la horquilla

mēslu dakša

el hacha

cirvis

la carretilla

ķerra

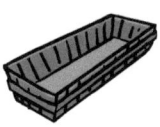

el abrevadero

sile

la lechera

piena kanna

la bolsa

maiss

la reja

žogs

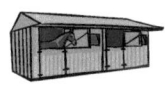

el establo

kūts

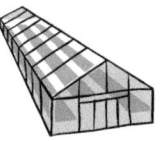

el invernadero

siltumnīca

el suelo

augsne

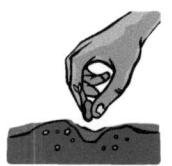

la semilla

sēklas

el fertilizador

mēslojums

la cosechadora

kombains

cosechar

novākt ražu

la cosecha

raža

las batatas

jamss

el trigo

kvieši

la soja

soja

la papa

kartupelis

el maíz

kukurūza

la semilla de colza

rapsis

el árbol frutal

augļu koks

la mandioca

manioka

los cereales

labība

la casa
māja

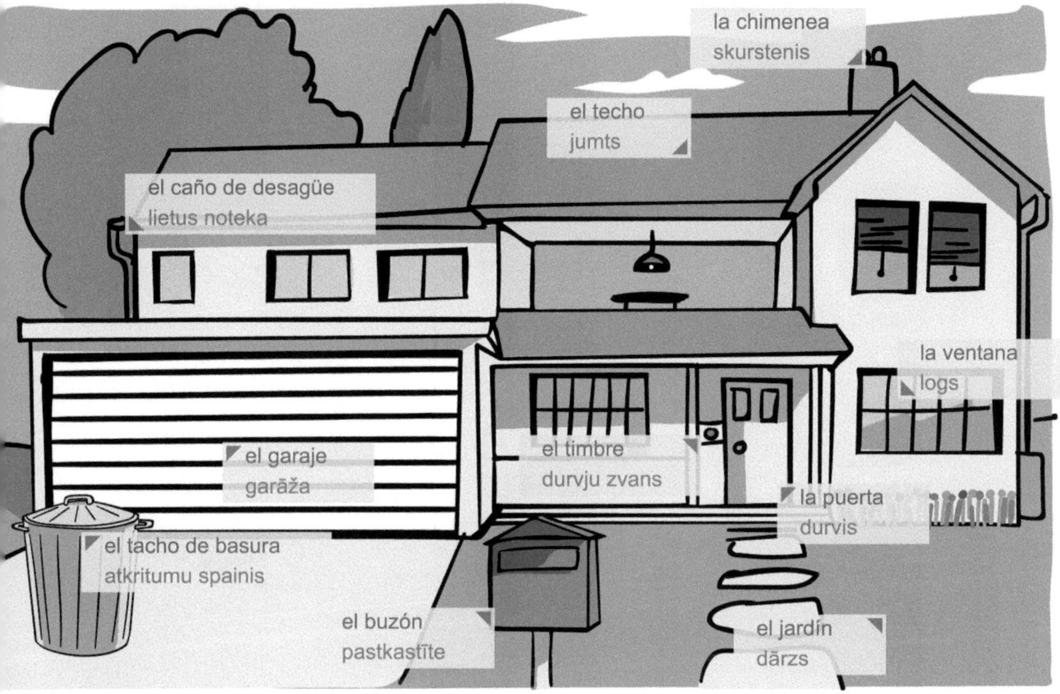

la chimenea
skurstenis
el techo
jumts
el caño de desagüe
lietus noteka
la ventana
logs
el garaje
garāža
el timbre
durvju zvans
la puerta
durvis
el tacho de basura
atkritumu spainis
el buzón
pastkastīte
el jardín
dārzs

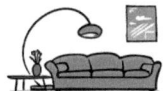

el living

viesistaba

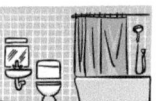

el baño

vannas istaba

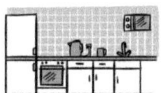

la cocina

virtuve

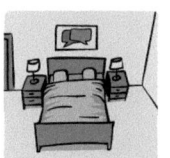

el dormitorio

guļamistaba

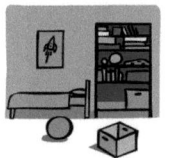

el cuarto de los chicos

bērnu istaba

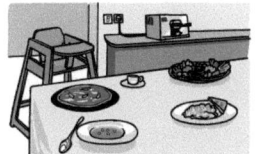

el comedor

ēdamistaba

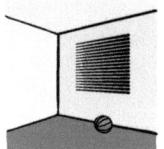

el piso

grīda

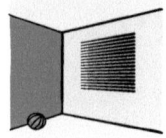

la pared

siena

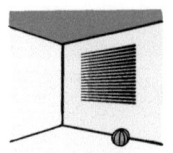

el cielorraso

griesti

el sótano

pagrabs

el sauna

sauna

el balcón

balkons

la terraza

terase

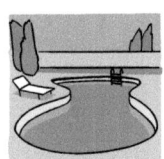

la pileta

baseins

la cortadora de pasto

zāles pļāvējs

la sábana

gultas veļa

el acolchado

sega

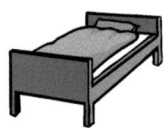

la cama

gulta

la escoba

slota

el balde

spainis

el interruptor

slēdzis

el living
viesistaba

el empapelado
tapetes
la imagen
attēls
la lámpara
lampa
el estante
plaukts
el armario
skapis
la televisión
televizors
la chimenea
kamīns
la flor
puķe
el almohadón
spilvens
el sofá
dīvāns
el florero
vāze
el control remoto
tālvadības pults

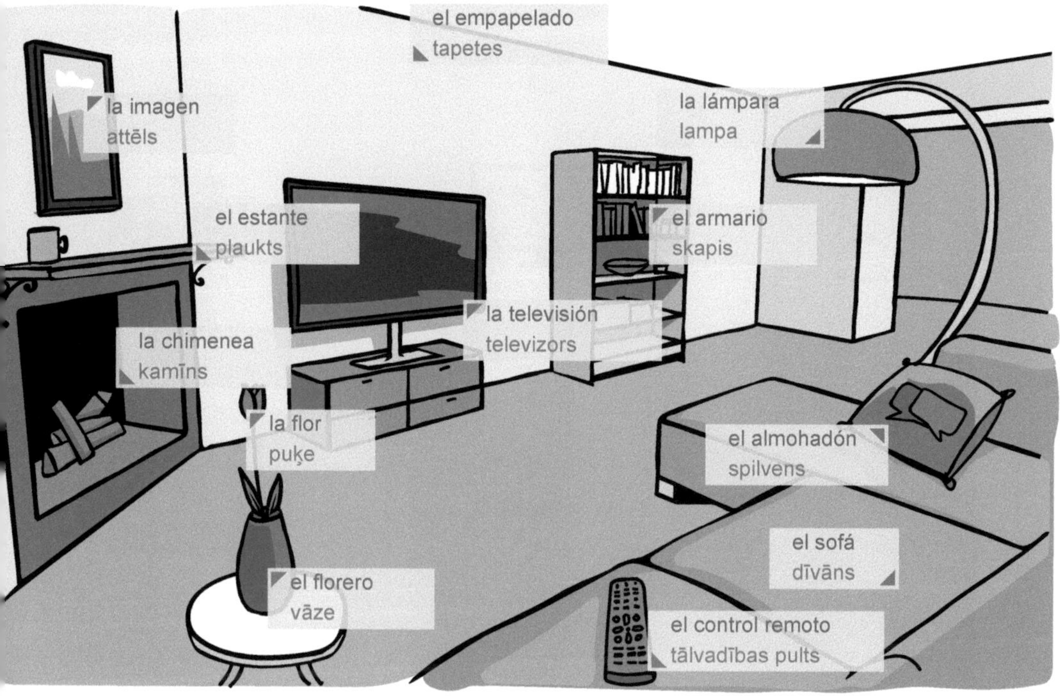

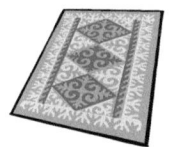

la alfombra

paklājs

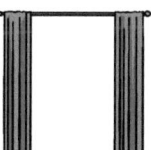

la cortina

aizkars

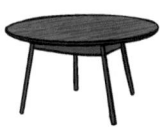

la mesa

galds

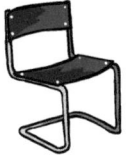

la silla

krēsls

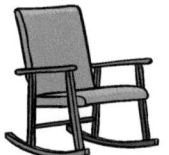

la mecedora

šūpuļkrēsls

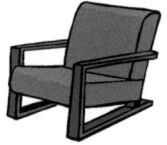

el sillón

atpūtas krēsls

el libro

grāmata

la frazada

sega

la decoración

dekorācija

la leña

malka

la película

filma

el equipo de música

mūzikas centrs

la llave

atslēga

el diario

avīze

la pintura

glezna

el póster

plakāts

la radio

radio

el cuaderno

pierakstu blociņš

la aspiradora

putekļu sūcējs

el cactus

kaktuss

la vela

svece

la cocina
virtuve

la heladera
ledusskapis
el microondas
mikroviļņu krāsns
la balanza de cocina
virtuves svari
la tostadora
tosteris
el detergente
tīrīšanas līdzekļi
el horno
cepeškrāsns
el freezer
saldēšanas kamera
el tacho de basura
atkritumu spainis
el lavaplatos
trauku mazgājamā mašīna

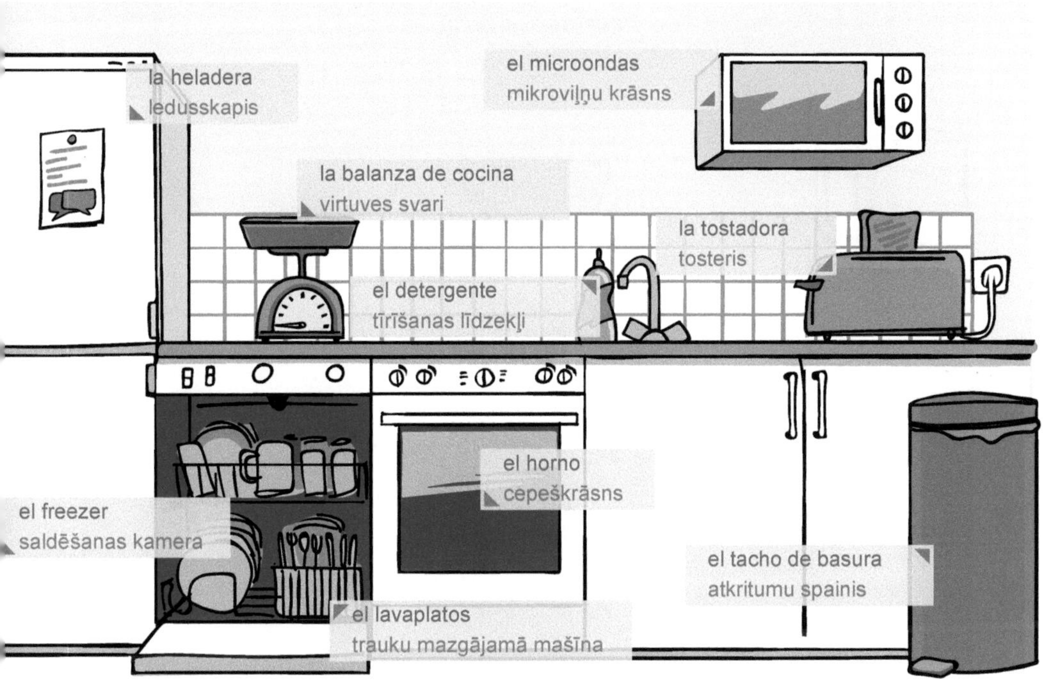

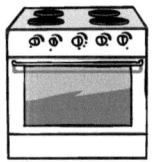

la cocina

plīts

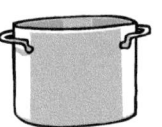

la olla

pods

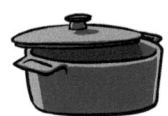

la olla de hierro fundido

katls

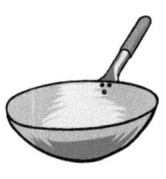

el wok

Wok panna

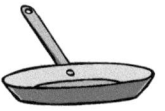

la sartén

panna

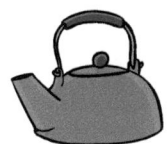

la pava

elektriskā tējkanna

la vaporera

tvaika katls

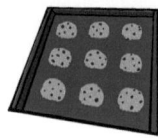

la bandeja de horno

cepešpanna

la vajilla

trauki

la taza

krūze

el bol

bļoda

los palitos

irbulīši

el cucharón

kauss

la espátula

lāpstiņa

la batidora

putošanas slotiņa

el colador

sietiņš

el colador

siets

el rallador

rīve

el mortero

piesta

la parrilla

grilēt

la fogata

atklāts pavards

la tabla de picar

dēlis

el palo de amasar

mīklas rullis

el sacacorchos

korķu viļķis

la lata

bundža

el abrelatas

konservu nazis

la manopla

virtuves cimdi

la pileta

izlietne

el cepillo

birste

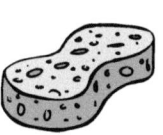

la esponja

sūklis

la batidora

mikseris

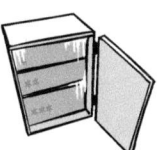

el congelador

saldētava

la mamadera

bērna pudelīte

la canilla

ūdenskrāns

el baño
vannas istaba

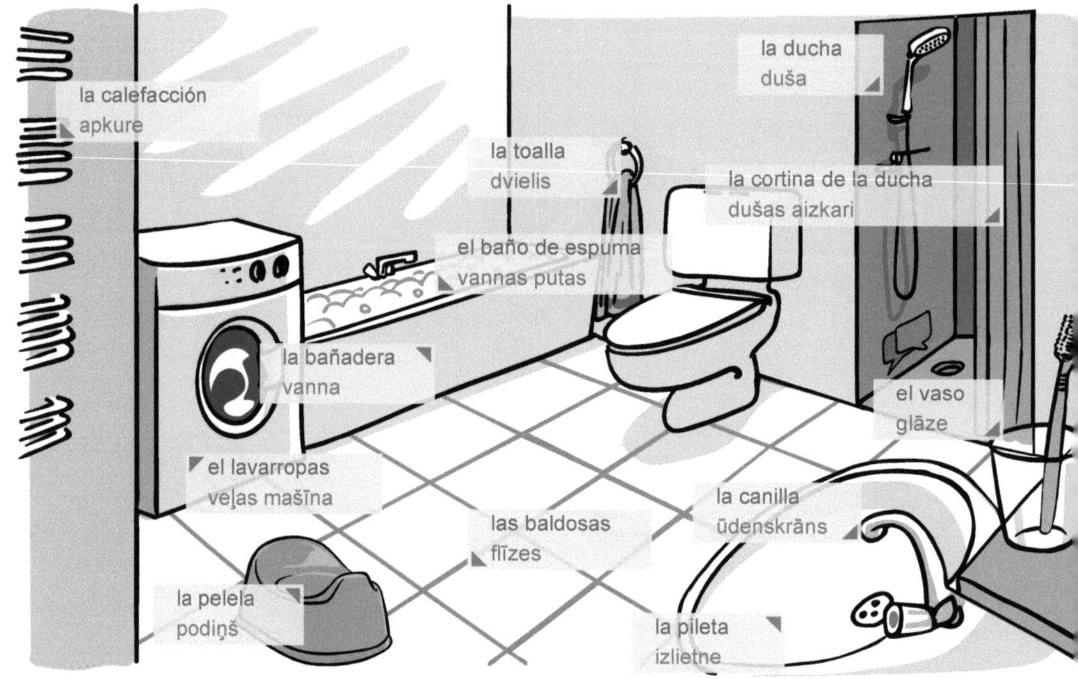

la calefacción
apkure
la toalla
dvielis
la ducha
duša
la cortina de la ducha
dušas aizkari
el baño de espuma
vannas putas
la bañadera
vanna
el vaso
glāze
el lavarropas
veļas mašīna
la canilla
ūdenskrāns
las baldosas
flīzes
la pelela
podiņš
la pileta
izlietne

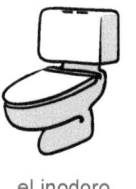

el inodoro

tualetes pods

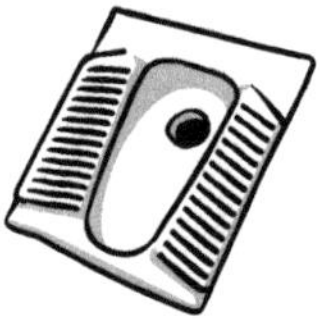

la letrina

Āzijas tipa tualete

el bidé

bidē

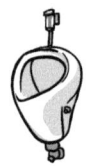

el mingitorio

pisuārs

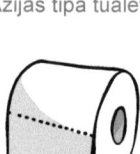

el papel higiénico

tualetes papīs

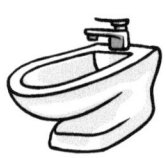

el cepillo para el inodoro

tualetes birste

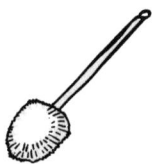

el cepillo de dientes

zobu birste

el dentífrico

zobu pasta

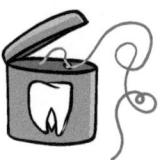

el hilo dental

zobu diegs

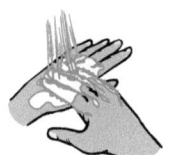

lavar

mazgāt

la ducha de mano

rokas duša

la ducha higiénica

duša

la palangana

bļoda

el cepillo para la espalda

muguras mazgāšanas birste

el jabón

ziepes

el gel de ducha

dušas želeja

el shampoo

šampūns

la toallita

mazgāšanas drāna

el desagüe

noteka

la crema

krēms

el desodorante

dezodorants

el espejo

spogulis

el espejito

spogulītis

la maquinita de afeitar

skuveklis

la espuma de afeitar

skūšanās putas

el aftershave

losjons pēc skūšanās

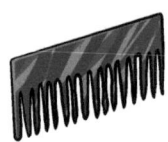

el peine

ķemme

el cepillo

matu suka

el secador de pelo

matu fēns

el spray

matu laka

el maquillaje

grima komplekts

el lápiz de labios

lūpu krāsa

el esmalte para uñas

nagulaka

el algodón

vate

la tijera para uñas

šķērītes

el perfume

smaržas

el portacosméticos

kosmētikas maks

la banqueta

ķeblītis

la balanza

svari

la bata

halāts

los guantes de goma

tīrīšanas cimdi

el tampón

tampons

la toallita femenina

pakete

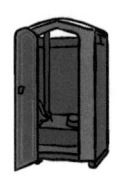

el baño químico

ķīmiskā tualete

el cuarto de los chicos
bērnu istaba

el despertador
modinātājs
el peluche
mīkstā rotaļlieta
el coche de juguete
spēļu automašīna
el sonajero
grabulis
la casa de muñecas
leļļu māja
el regalo
dāvana

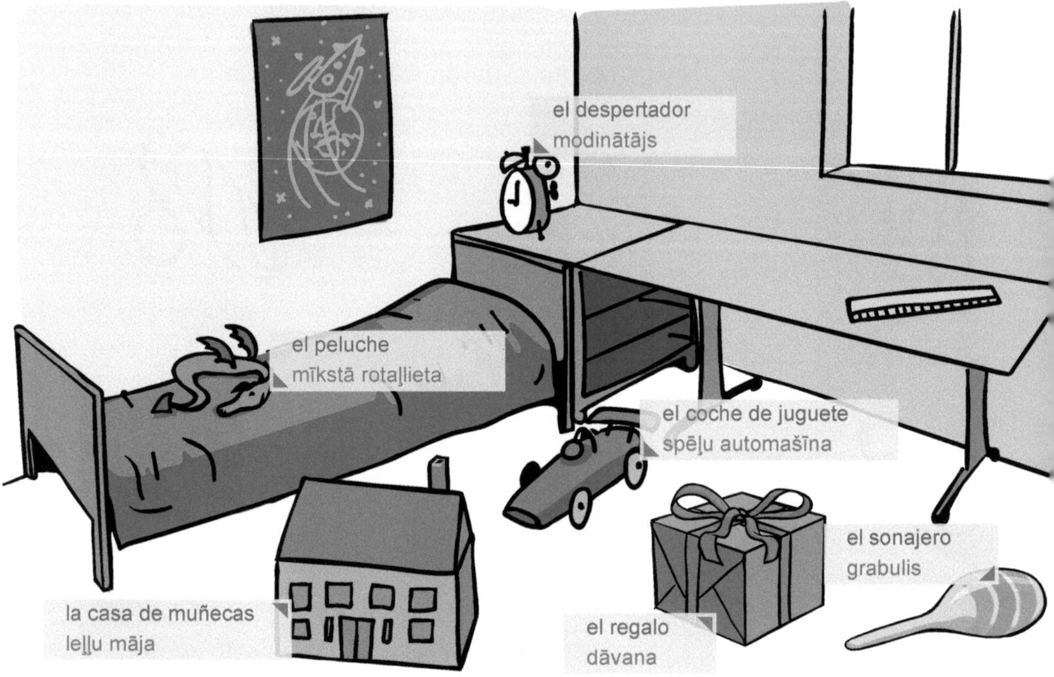

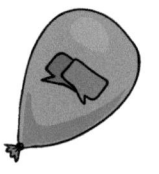

el globo

balons

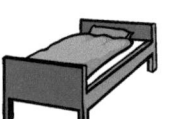

la cama

gulta

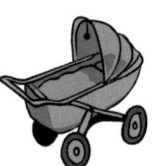

el cochecito

bērnu ratiņi

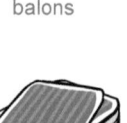

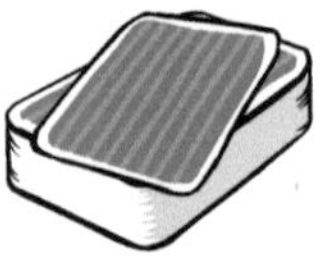

las cartas

kārtis

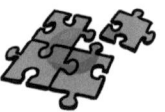

el rompecabezas

puzle

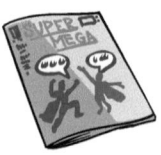

la historieta

komikss

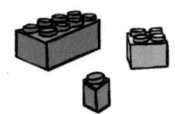

las piezas de lego

LEGO klucīši

los ladrillos de juguete

klucīši

la figura de acción

varoņu figūra

el enterito (de bebé)

rāpulītis

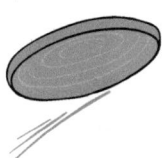

el frisbee

lidojošais šķīvītis

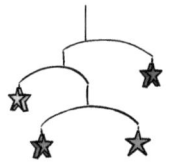

el móvil para bebés

muzikālais karuselis

el juego de mesa

galda spēle

los dados

metamais kauliņš

el tren eléctrico

rotaļu dzelzceļš

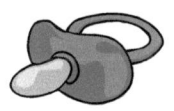

el chupete

māneklis

la fiesta

ballīte

el libro de cuentos ilustrado

bilžu grāmata

la pelota

bumba

la muñeca

lelle

jugar

spēlēt

el arenero

smilšu kaste

la hamaca

šūpoles

los juguetes

rotaļlietas

la consola de videojuegos

spēļu konsole

el triciclo

trīsritenis

el osito de peluche

plīša lācītis

el armario

drēbju skapis

la ropa
apģērbs

las medias

īszeķes

las medias panty

zeķes

las calzas

zeķbikses

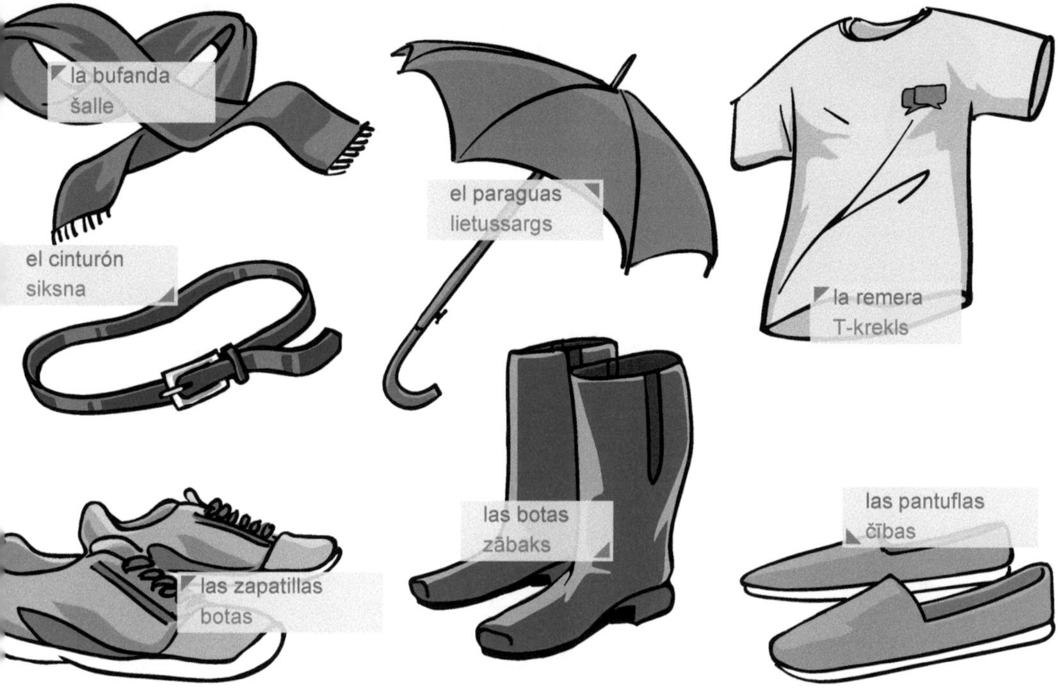

la bufanda
šalle

el paraguas
lietussargs

la remera
T-krekls

el cinturón
siksna

las botas
zābaks

las pantuflas
čības

las zapatillas
botas

las sandalias
sandales

los zapatos
kurpes

las botas de goma
gumijas zābaki

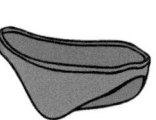

la ropa interior
apakšbikses

el corpiño
krūšturis

el chaleco
apakškrekls

el body

bodijs

los pantalones

bikses

los jeans

džinsi

la pollera

svārki

la blusa

blūze

la camisa

krekls

el pulóver

pulovers

el buzo

džemperis

el blazer

žakete

la campera

jaka

el tapado

mētelis

el piloto

lietus mētelis

el traje

kostīms

el vestido

kleita

el vestido de novia

kāzu kleita

el traje

uzvalks

el camisón

naktskrekls

el pijama

pidžama

el sari

sari

el pañuelo para la cabeza

lakats

el turbante

turbāns

la burka

burka

el caftán

kaftāns

la abaya

abaja

el traje de baño

peldkostīms

el short de baño

peldbikses

los shorts

šorti

el jogging

treniņtērps

el delantal

priekšauts

los guantes

cimdi

el botón

poga

los anteojos

brilles

la pulsera

rokassprādze

el collar

kaklarota

el anillo

gredzens

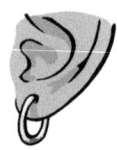

el aro

auskars

la gorra

cepure

la percha

drēbju pakaramais

el sombrero

platmale

la corbata

kaklasaite

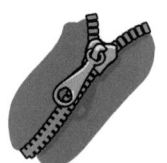

el cierre

rāvējslēdzējs

el casco

ķivere

los tiradores

bikšturi

el uniforme escolar

skolas forma

el uniforme

uniforma

el babero

priekšautiņš

el chupete

māneklis

el pañal

autiņbiksītes

la oficina
birojs

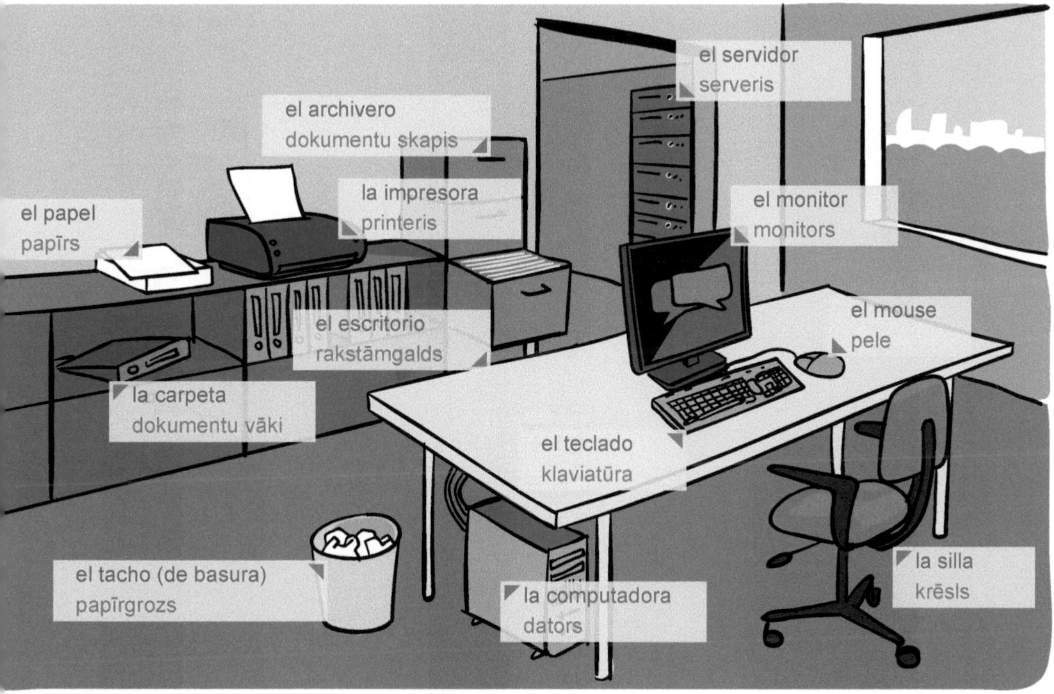

el servidor
serveris

el archivero
dokumentu skapis

la impresora
printeris

el monitor
monitors

el papel
papīrs

el escritorio
rakstāmgalds

el mouse
pele

la carpeta
dokumentu vāki

el teclado
klaviatūra

el tacho (de basura)
papīrgrozs

la silla
krēsls

la computadora
dators

la taza de café

kafijas krūze

la calculadora

kalkulators

el internet

internets

la laptop

portatīvais dators

la carta

vēstule

el mensaje

ziņa

el celular

mobilais tālrunis

la red

tīkls

la fotocopiadora

kopētājs

el software

programmatūra

el teléfono

telefons

el tomacorriente

rozete

el fax

faksa aparāts

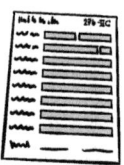

el formulario

formulārs

el documento

dokuments

comprar
pirkt

pagar
samaksāt

hacer negocios
tirgot

el dinero
nauda

el dólar
dolārs

el euro
eiro

el yen
jēna

el rublo
rublis

el franco suizo
franks

el yuan
juaņa renminbi

la rupia
rūpija

el cajero automático
bankomāts

la casa de cambio

valūtas maiņas punkts

el oro

zelts

la plata

sudrabs

el petróleo

nafta

la energía

enerģija

el precio

cena

el contrato

līgums

el impuesto

nodoklis

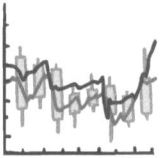

la acción

akcija

trabajar

strādāt

el empleado

darbinieks

el empleador

darba devējs

la fábrica

fabrika

el negocio

veikals

las ocupaciones
profesijas

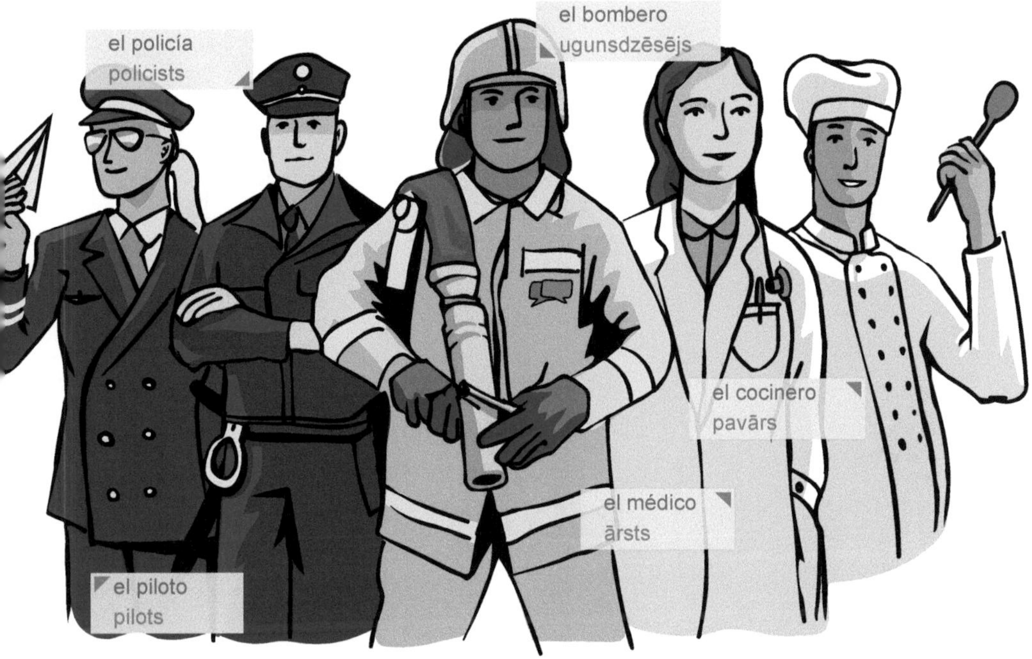
el policía
policists
el bombero
ugunsdzēsējs
el cocinero
pavārs
el médico
ārsts
el piloto
pilots

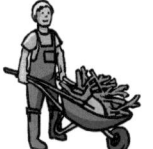

el jardinero

dārznieks

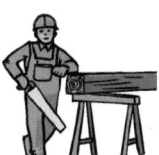

el carpintero

galdnieks

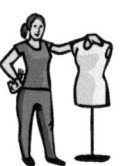

la modista

šuvēja

el juez

tiesnesis

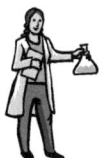

el farmacéutico

ķīmiķis

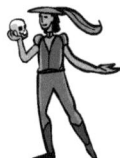

el actor

aktieris

el colectivero

autobusa vadītājs

el taxista

taksometra vadītājs

el pescador

zvejnieks

la mucama

apkopēja

el techista

jumiķis

el mozo

viesmīlis

el cazador

mednieks

el pintor

gleznotājs

el panadero

maiznieks

el electricista

elektriķis

el albañil

celtnieks

el ingeniero

inženieris

el carnicero

miesnieks

el plomero

skārdnieks

el cartero

pastnieks

el soldado

karavīrs

el arquitecto

arhitekts

el cajero

kasieris

el florista

florists

el peluquero

frizieris

el cobrador

konduktors

el mecánico

mehāniķis

el capitán

kapteinis

el dentista

zobārsts

el científico

zinātnieks

el rabino

rabīns

el imán

imāms

el monje

mūks

el sacerdote

mācītājs

las herramientas
instrumenti

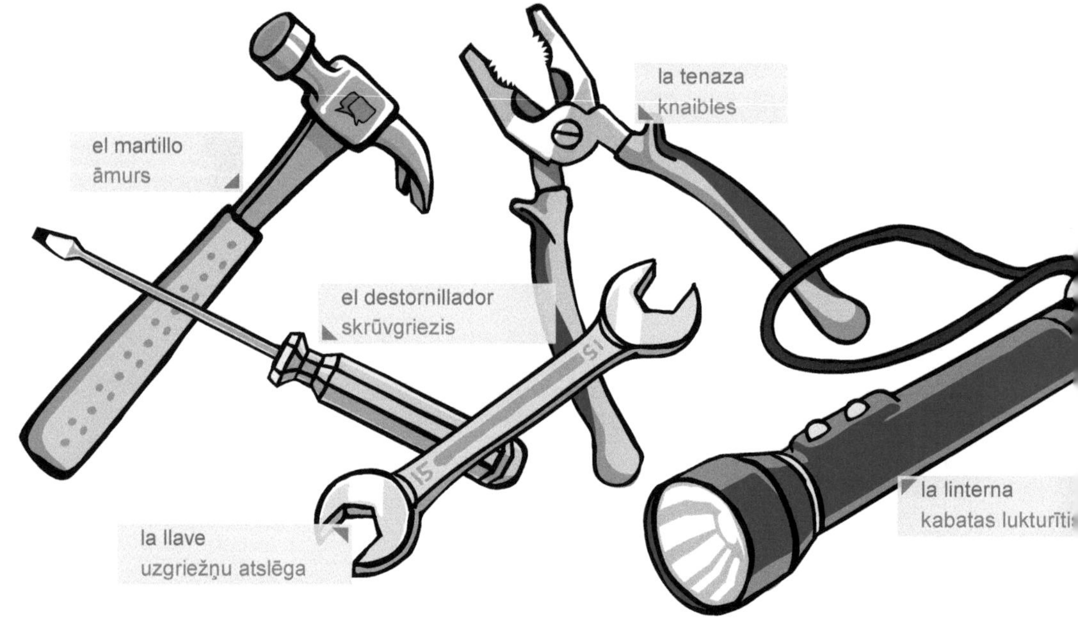

el martillo
āmurs
la tenaza
knaibles
el destornillador
skrūvgriezis
la llave
uzgriežņu atslēga
la linterna
kabatas lukturīti

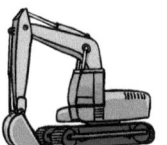

la excavadora

ekskavators

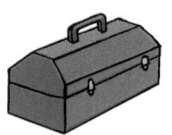

la caja de herramientas

instrumentu kaste

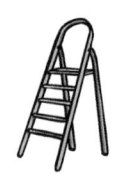

la escalera portátil

kāpnes

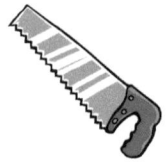

la sierra

zāģis

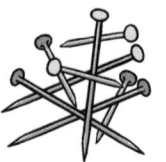

los clavos

naglas

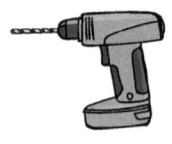

el taladro

urbis

arreglar

remontēt

la pala de jardín

lāpsta

¡Qué bronca!

Velns!

la pala de plástico

liekšķere

el tacho de pintura

krāsas bundža

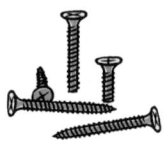

los tornillos

skrūves

los instrumentos musicales
mūzikas instrumenti

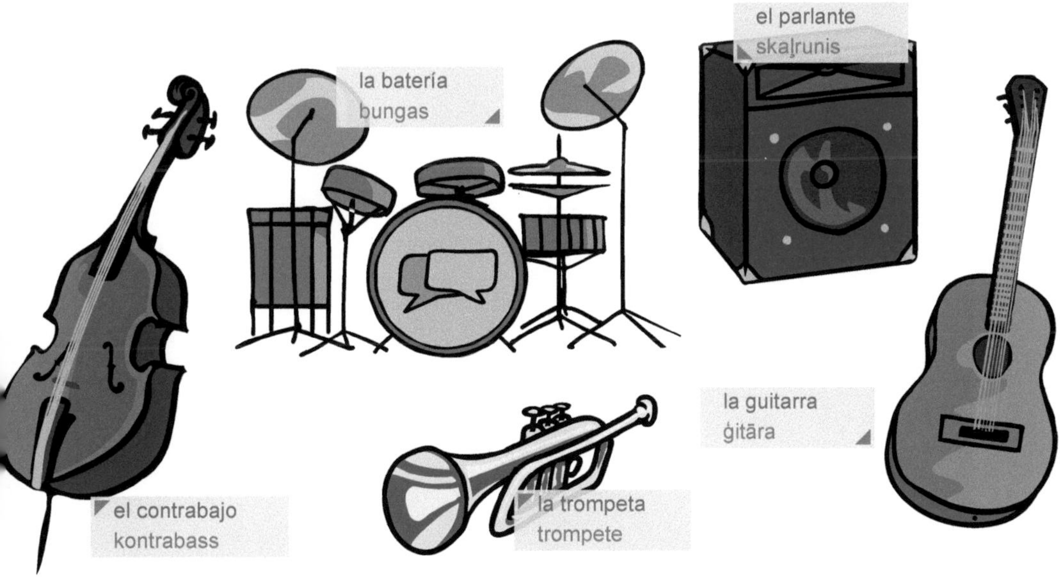

el parlante
skaļrunis

la batería
bungas

la guitarra
ģitāra

el contrabajo
kontrabass

la trompeta
trompete

el piano

klavieres

el violín

vijole

el bajo

bass

los timbales

timpāni

el tambor

bungas

el teclado

digitālās klavieres

el saxofón

saksofons

la flauta

flauta

el micrófono

mikrofons

el zoológico
zoološiskais dārzs

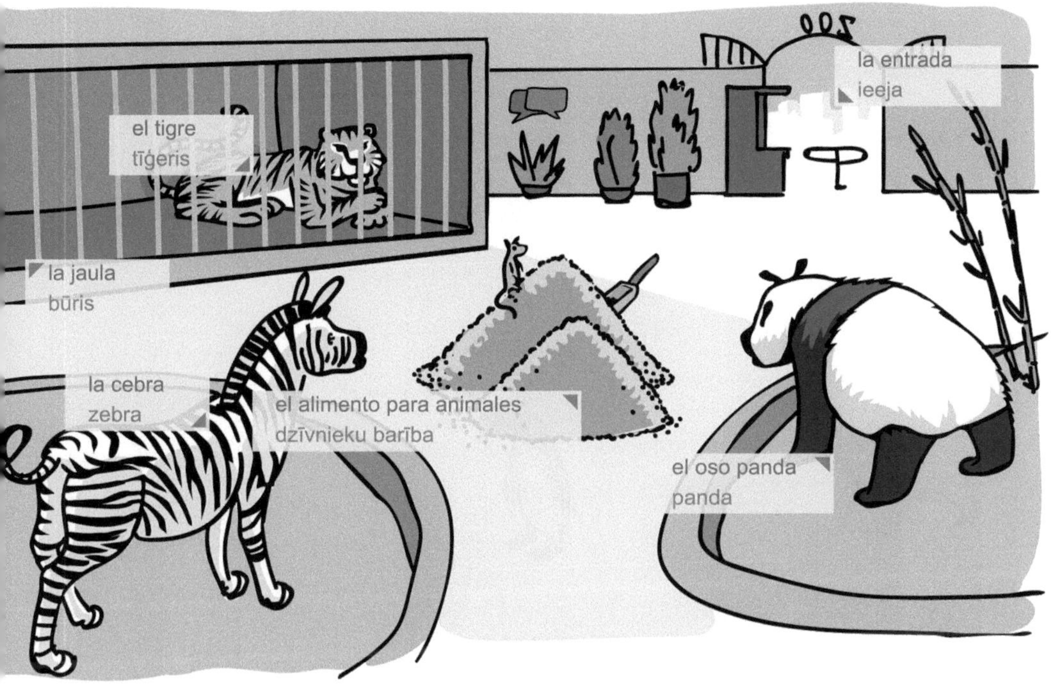
la entrada
ieeja
el tigre
tīģeris
la jaula
būris
la cebra
zebra
el alimento para animales
dzīvnieku barība
el oso panda
panda

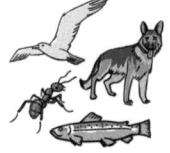

los animales

dzīvnieki

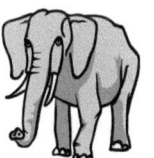

el elefante

zilonis

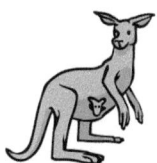

el canguro

ķengurs

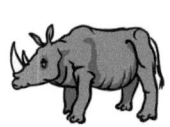

el rinoceronte

degunradzis

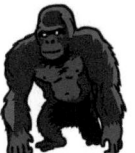

el gorila

gorilla

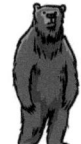

el oso

lācis

el camello

kamielis

el avestruz

strauss

el león

lauva

el mono

pērtiķis

el flamenco

flamings

el loro

papagailis

el oso polar

polārlācis

el pingüino

pingvīns

el tiburón

haizivs

el pavo real

pāvs

la serpiente

čūska

el cocodrilo

krokodils

el cuidador del zoológico

zoodārza sargs

la foca

ronis

el jaguar

jaguārs

el poni

ponijs

el leopardo

leopards

el hipopótamo

nīlzirgs

la jirafa

žirafe

el águila

ērglis

el jabalí

meža cūka

el pescado

zivs

la tortuga

bruņurupucis

la morsa

valzirgs

el zorro

lapsa

la gacela

gazele

el fútbol americano
amerikāņu futbols

el ciclismo
riteņbraukšana

el tenis
teniss

el básquet
basketbols

la natación
peldēšana

el boxeo
bokss

el hockey sobre hielo
hokejs

el fútbol

futbols

el bádminton

badmintons

el atletismo

vieglatlētika

el handball

rokas bumba

el esquí

slēpošana

el polo

polo

reír
smieties

saltar
lēkt

abrazar
apskaut

caminar
iet

cantar
dziedāt

soñar
sapņot

rezar
lūgt

besar
skūpstīt

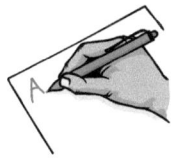

escribir

rakstīt

dibujar

zīmēt

mostrar

rādīt

presionar

spiest

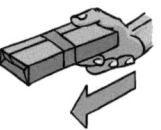

dar

dot

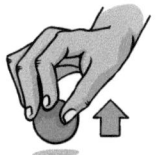

tomar

ņemt

tener

būt

hacer

darīt

ser

būt

estar parado

stāvēt

correr

skriet

tirar

vilkt

tirar

mest

caer

krist

estar acostado

gulēt

esperar

gaidīt

llevar

nest

estar sentado

sēdēt

vestirse

uzģērbt

dormir

gulēt

despertar

pamosties

mirar

skatīties

llorar

raudāt

acariciar

glāstīt

peinar

ķemmēt

hablar

runāt

entender

saprast

preguntar

jautāt

escuchar

dzirdēt

beber

dzert

comer

ēst

ordenar

sakārtot

amar

mīlēt

cocinar

vārīt

manejar

braukt

volar

lidot

las actividades - darbības

navegar

burot

calcular

rēķināt

leer

lasīt

aprender

mācīties

trabajar

strādāt

casarse

precēties

coser

šūt

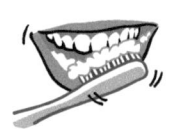

cepillarse los dientes

tīrīt zobus

matar

nogalināt

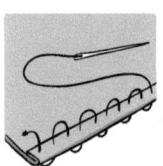

fumar

smēķēt

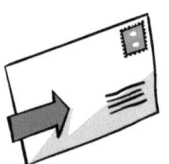

enviar

sūtīt

la familia
ģimene

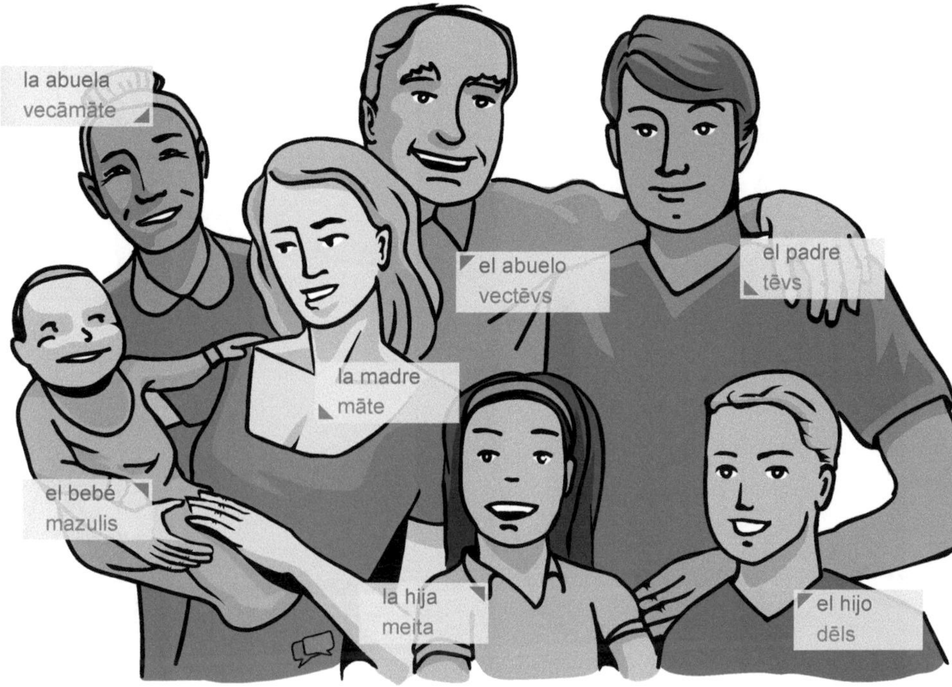

la abuela
vecāmāte
el abuelo
vectēvs
el padre
tēvs
la madre
māte
el bebé
mazulis
la hija
meita
el hijo
dēls

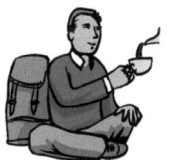

el invitado

viesis

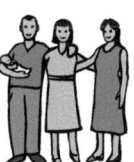

la tía

tante

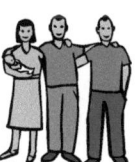

el tío

onkulis

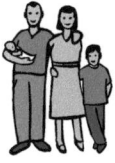

el hermano

brālis

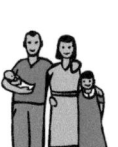

la hermana

māsa

el cuerpo
ķermenis

la frente
piere
el ojo
acs
el hombro
plecs
el dedo
pirksts
la cara
seja
la pera
zods
la mano
roka
la pierna
kāja
el pecho
krūtis
el brazo
roka

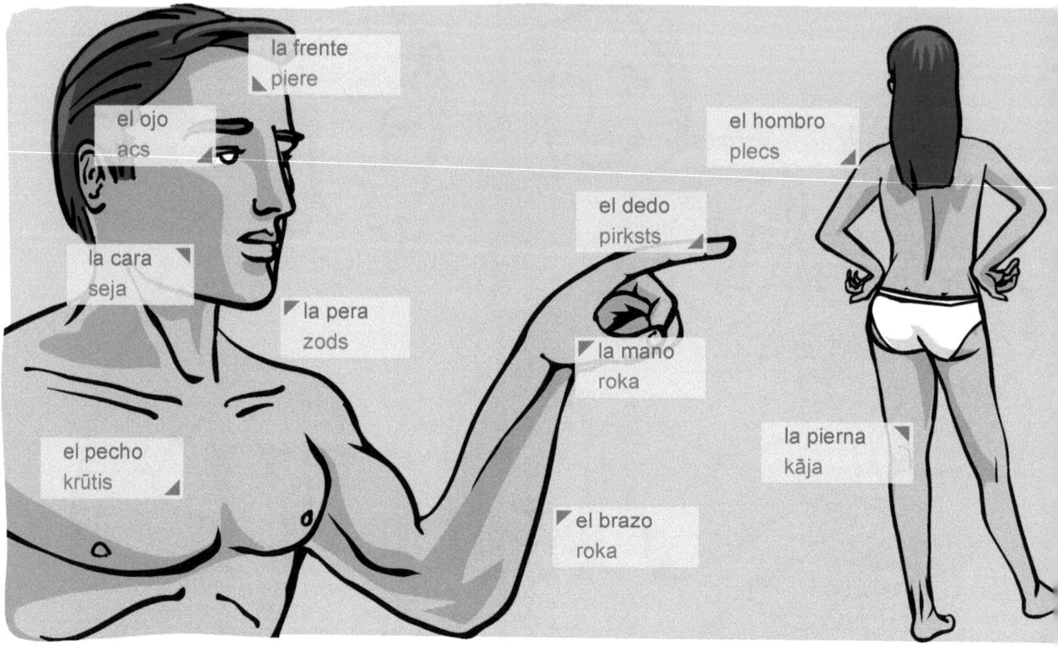

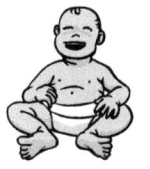

el bebé

mazulis

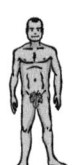

el hombre

vīrietis

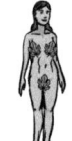

la mujer

sieviete

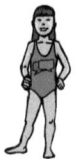

la nena

meitene

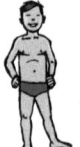

el nene

zēns

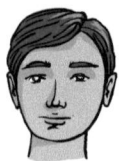

la cabeza

galva

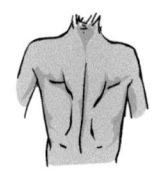

la espalda
mugura

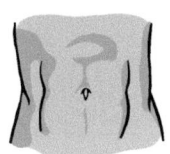

la panza
vēders

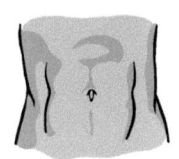

el ombligo
naba

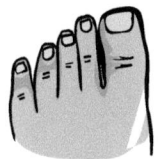

el dedo del pie
kājas pirksts

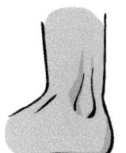

el talón
papēdis

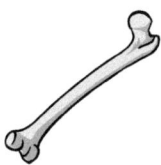

el hueso
kauls

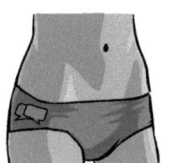

la cadera
gurns

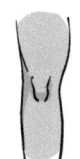

la rodilla
celis

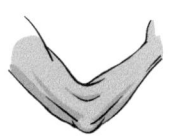

el codo
elkonis

la nariz
deguns

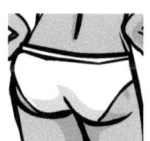

la cola
dibens

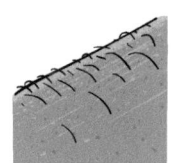

la piel
āda

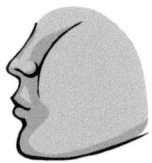

el cachete
vaigs

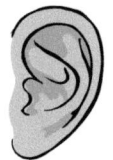

la oreja
auss

el labio
lūpa

el cuerpo - ķermenis

la boca
mute

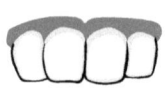

el diente
zobs

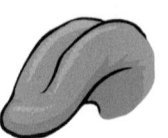

la lengua
mēle

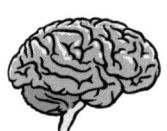

el cerebro
smadzenes

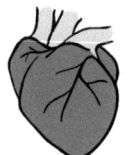

el corazón
sirds

el músculo
muskulis

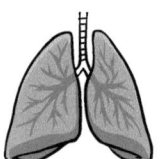

el pulmón
plaušas

el hígado
aknas

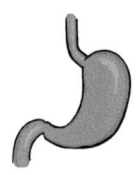

el estómago
kuņģis

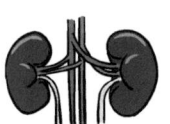

los riñones
nieres

el sexo
dzimumakts

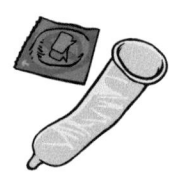

el preservativo
kondoms

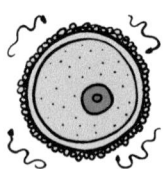

el óvulo
olšūna

el semen
sperma

el embarazo
grūtniecība

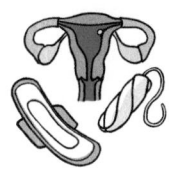

la menstruación

menstruācijas

la vagina

vagīna

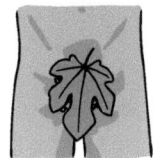

el pene

penis

la ceja

uzacs

el pelo

mati

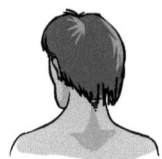

el cuello

kakls

el hospital
slimnīca

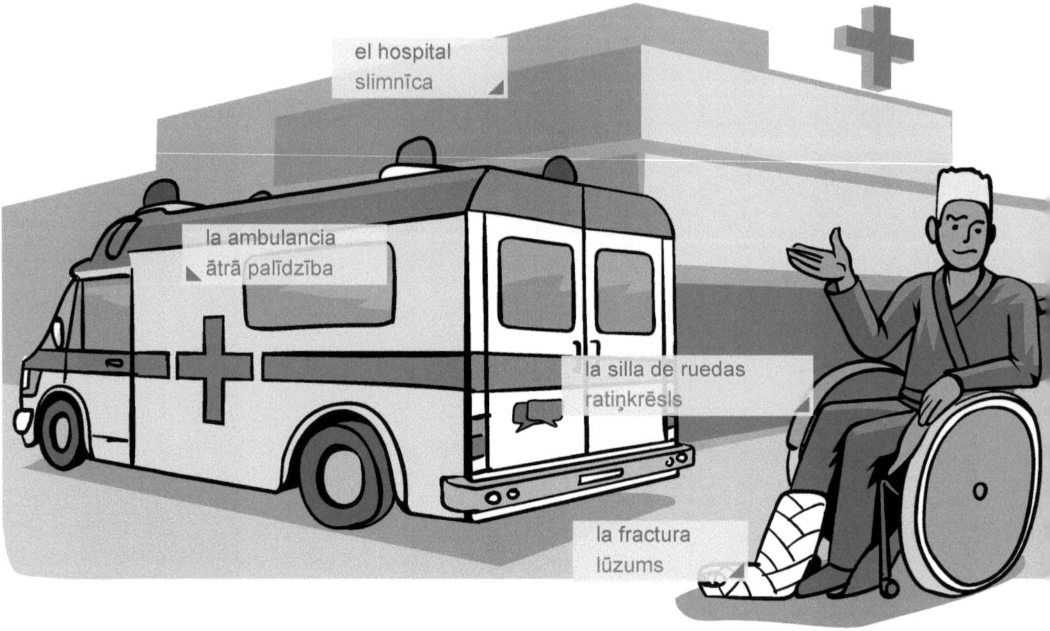

el hospital
slimnīca
la ambulancia
ātrā palīdzība
la silla de ruedas
ratiņkrēsls
la fractura
lūzums

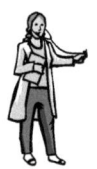

el médico

ārsts

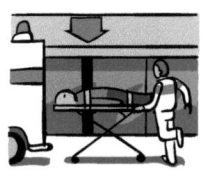

la sala de guardia

neatliekamās palīdzības nodaļa

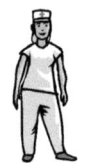

la enfermera

medmāsa

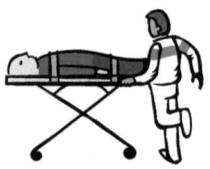

la emergencia

ārkārtas gadījums

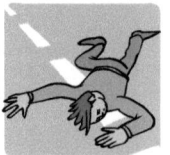

inconsciente

paģībis

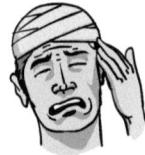

el dolor

sāpes

la lesión
ievainojums

la hemorragia
asiņošana

el infarto
sirdslēkme

el ACV
insults

la alergia
alerģija

la tos
klepus

la fiebre
temperatūra

la gripe
gripa

la diarrea
caureja

el dolor de cabeza
galvassāpes

el cáncer
vēzis

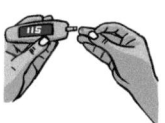

la diabetes
diabēts

el cirujano
ķirurgs

el bisturí
skalpelis

la operación
operācija

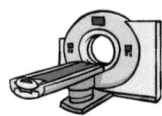

la TC

datortomogrāfija

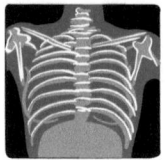

los rayos x

rentgents

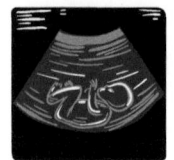

la ecografía

ultraskaņa

el barbijo

sejas maska

la enfermedad

slimība

la sala de espera

uzgaidāmā telpa

la muleta

kruķis

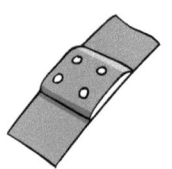

la curita

plāksteris

la venda

apsējs

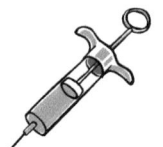

la inyección

injekcija

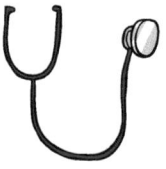

el estetoscopio

stetoskops

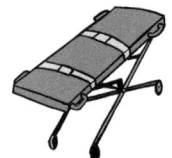

la camilla

nestuves

el termómetro

termometrs

el nacimiento

dzemdības

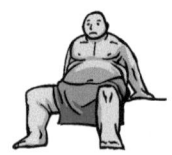

el sobrepeso

liekais svars

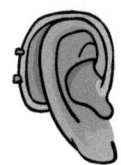

el audífono

dzirdes aparāts

el desinfectante

dezinfekcijas līdzeklis

la infección

infekcija

el virus

vīruss

el VIH / SIDA

HIV / AIDS

el remedio

zāles

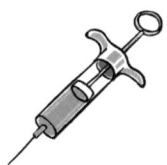

la vacunación

pote

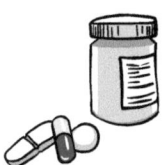

los comprimidos

tabletes

la pastilla anticonceptiva

pretapaugļošanās tablete

la llamada de emergencia

ārkārtas izsaukums

el tensiómetro

asinsspiediena mērītājs

enfermo / sano

slims / vesels

¡Ayuda!

Palīgā!

la alarma

trauksme

la agresión

uzbrukums

el ataque

uzbrukums

el peligro

bīstamība

la salida de emergencia

avārijas izeja

¡Fuego!

Uguns!

el matafuego

ugunsdzēšamais aparāts

el accidente

negadījums

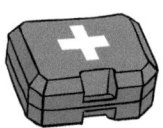

el botiquín de primeros
auxilios

pirmās palīdzības aptieciņa

el SOS

SOS

la policía

policija

Europa

Eiropa

América del Norte

Ziemeļamerika

América del Sur

Dienvidamerika

África

Āfrika

Asia

Āzija

Australia

Austrālija

el Atlántico

Atlantijas okeāns

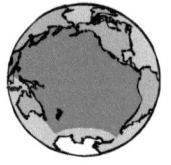

el Pacífico

Klusais okeāns

el Océano Índico

Indijas okeāns

el Océano Antártico

Dienvidu okeāns

el Océano Ártico

Ziemeļu ledus okeāns

el polo norte

Ziemeļpols

el polo sur

Dienvidpols

la Antártida

Antarktika

la Tierra

zeme

la tierra

zeme

el mar

jūra

la isla

sala

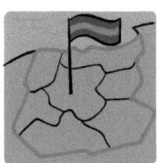

la nación

nācija

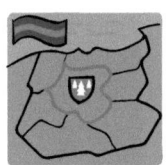

el estado

valsts

78

la esfera

ciparnīca

la manecilla de las horas

stundu rādītājs

el minutero

minūšu rādītājs

el segundero

sekunžu rādītājs

¿Qué hora es?

Cik ir pulkstenis?

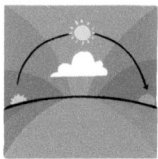

el día

diena

la hora

laiks

ahora

tagad

el reloj digital

digitālais pulkstenis

el minuto

minūte

la hora

stunda

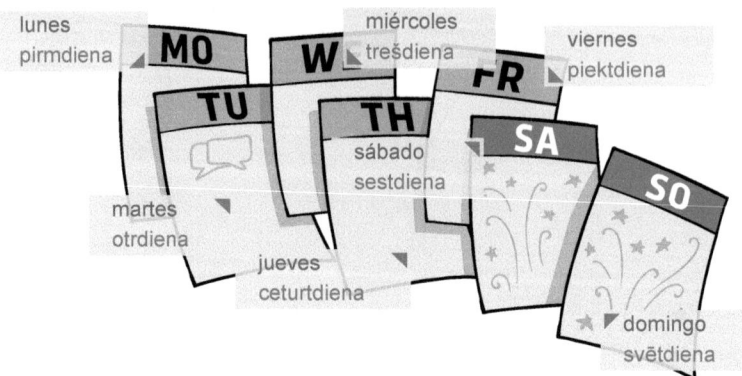

lunes
pirmdiena

miércoles
treśdiena

viernes
piektdiena

martes
otrdiena

sábado
sestdiena

jueves
ceturtdiena

domingo
svētdiena

ayer

vakardien

hoy

šodien

mañana

rītdien

la mañana

rīts

el mediodía

pusdienlaiks

la tarde

vakars

MO	TU	WE	TH	FR	SA	SU
1	2	3	4	5	6	7
8	9	10	11	12	13	14
15	16	17	18	19	20	21
22	23	24	25	26	27	28
29	30	31	1	2	3	4

los días hábiles

darbadienas

MO	TU	WE	TH	FR	SA	SU
1	2	3	4	5	6	7
8	9	10	11	12	13	14
15	16	17	18	19	20	21
22	23	24	25	26	27	28
29	30	31	1	2	3	4

el fin de semana

brīvdienas

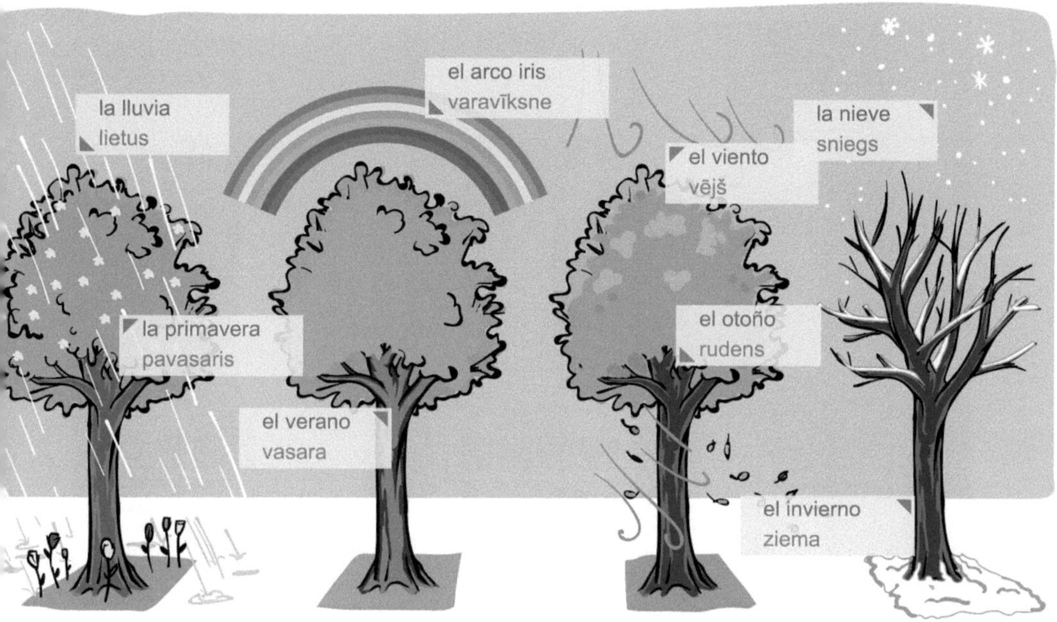

la lluvia
lietus

el arco iris
varavīksne

la nieve
sniegs

el viento
vējš

la primavera
pavasaris

el otoño
rudens

el verano
vasara

el invierno
ziema

4.APRIL	11°	☀
5.APRIL	4°	☁
6.APRIL	13°	🌧
7.APRIL	8°	☀
8.APRIL	10°	☀

pronóstico meteorológico

laika prognoze

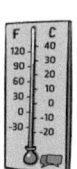

el termómetro

termometrs

la luz del sol

saules gaisma

la nube

mākonis

la niebla

migla

la humedad

gaisa mitrums

el rayo

zibens

el trueno

pērkons

la tormenta

vētra

el granizo

krusa

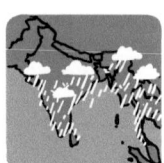

el monzón

musons

la inundación

plūdi

el hielo

ledus

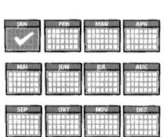

enero

janvāris

febrero

februāris

marzo

marts

abril

aprīlis

mayo

maijs

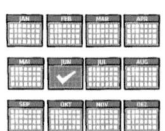

junio

jūnijs

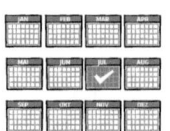

julio

jūlijs

agosto

augusts

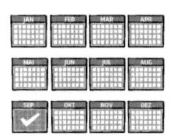

septiembre

septembris

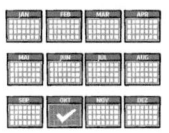

octubre

oktobris

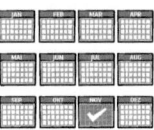

noviembre

novembris

diciembre

decembris

las formas

formas

el círculo

aplis

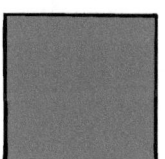

el cuadrado

kvadrāts

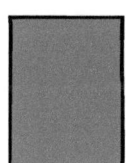

el rectángulo

četrstūris

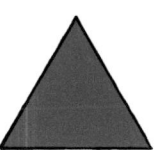

el triángulo

trīsstūris

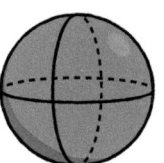

la esfera

lode

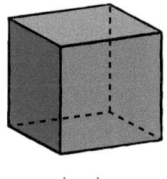

el cubo

kubs

blanco

balts

amarillo

dzeltens

naranja

oranžs

rosa

sārts

rojo

sarkans

violeta

lillā

azul

zils

verde

zaļš

marrón

brūns

gris

pelēks

negro

melns

mucho / poco

daudz / maz

enojado / tranquilo

saniknots / miermīlīgs

lindo / feo

skaists / neglīts

el principio / el fin

sākums / beigas

grande / chico

liels / mazs

claro / oscuro

gaišs / tumšs

el hermano / la hermana

brālis / māsa

limpio / sucio

tīrs / netīrs

completo / incompleto

pilnīgs / nepilnīgs

el día / la noche

diena / nakts

muerto / vivo

miris / dzīvs

ancho / angosto

plats / šaurs

comestible / no comestible

baudāms / nebaudāms

malo / amable

nikns / laipns

entusiasmado / aburrido

satraukts / garlaikots

gordo / flaco

resns / tievs

primero / último

pirmais / pēdējais

el amigo / el enemigo

draugs / ienaidnieks

lleno / vacío

pilns / tukšs

duro / blando

ciets / mīksts

pesado / liviano

smags / viegls

el hambre / la sed

izsalkums / slāpes

enfermo / sano

slims / vesels

ilegal / legal

nelegāls / legāls

inteligente / estúpido

inteliģents / dumjš

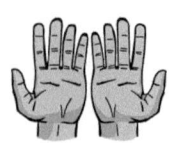

izquierda / derecha

kreisais / labais

cerca / lejos

tuvu / tālu

nuevo / usado

jauns / lietots

nada / algo

nekas / kaut kas

viejo / joven

vecs / jauns

encendido / apagado

ieslēgts / izslēgts

abierto / cerrado

atvērts / slēgts

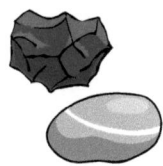

silencioso / ruidoso

kluss / skaļš

rico / pobre

bagāts / nabags

correcto / incorrecto

pareizi / nepareizi

áspero / suave

raupjš / gluds

triste / contento

noskumis / laimīgs

corto / largo

īss / garš

lento / rápido

lēns / ātrs

mojado / seco

slapjš / sauss

caliente / frío

silts / vēss

guerra / paz

karš / miers

0

cero

nulle

1

uno

viens

2

dos

divi

3

tres

trīs

4

cuatro

četri

5

cinco

pieci

6

seis

seši

7

siete

septiņi

8

ocho

astoņi

9

nueve

deviņi

10

diez

desmit

11

once

vienpadsmit

12

doce

divpadsmit

13

trece

trīspadsmit

14

catorce

četrpadsmit

15

quince

piecpadsmit

16

dieciséis

sešpadsmit

17

diecisiete

septiņpadsmit

18

dieciocho

astoņpadsmit

19

diecinueve

deviņpadsmit

20

veinte

divdesmit

100

cien

simts

1.000

mil

tūkstotis

1.000.000

el millón

miljons

los números - skaitļi

el inglés

angļu

el inglés americano

amerikāņu angļu

el chino mandarín

ķīniešu mandarīnu valoda

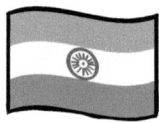

el hindi

hindi

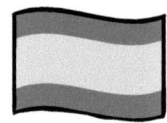

el español

spāņu

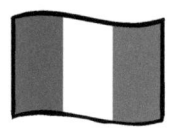

el francés

franču

el árabe

arābu

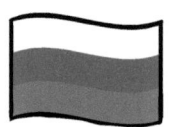

el ruso

krievu

el portugués

portugāļu

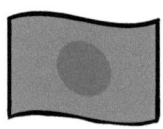

el bengalí

bengāļu

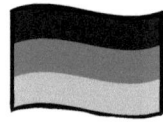

el alemán

vācu

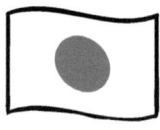

el japonés

japāņu

yo

es

vos

tu

él / ella

viņš / viņa

nosotros

mēs

ustedes

jūs

ellos

viņi / viņas

¿quién?

kas?

¿qué?

ko?

¿cómo?

kā?

¿dónde?

kur?

¿cuándo?

kad?

el nombre

vārds

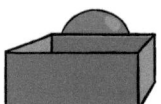

detrás
....
aiz

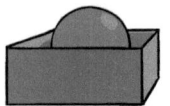

en
....
iekšā

adelante de
....
priekšā

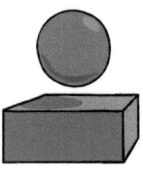

por encima de
....
virs

sobre
....
uz

debajo de
....
zem

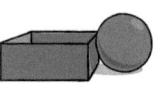

al lado de
....
blakus

entre
....
starp

el lugar
....
vieta